Milet Publishing
Smallfields Cottage, Cox Green
Rudgwick, Horsham, West Sussex
RH12 3DE England
info@milet.com
www.milet.com
www.milet.co.uk

First English–Turkish edition published by Milet Publishing in 2013

Copyright © Milet Publishing, 2013

ISBN 978 1 84059 833 9

Original Turkish text written by Erdem Seçmen
Translated to English by Alvin Parmar and adapted by Milet

Illustrated by Chris Dittopoulos
Designed by Christangelos Seferiadis

Printed and bound in Turkey by Ertem Matbaası

My Bilingual Book

Taste
Tatma

English–Turkish

Close your eyes, taste this drink . . .

Kapat gözlerini ve tat içeceğini . . .

Water or soda, what do you think?

Su mu, gazoz mu? Söyle hissettiğini.

How do you know which one it is?

Nasıl bildin hangisi olduğunu?

Do your mouth and tongue feel a fizz?

Ağzında ve dilinde bir fışırtı oldu mu?

Your mouth and tongue let you taste drinks and food.

Ağzın ve dilin tadar yediğini ve içtiğini.

They tell you what tastes bad and what tastes good!

Söyler sana hangisi lezzetli, hangisini sevmediğini.

Your taste senses bitter, sour, sweet,

Tat duyularındır acı, ekşi, tatlı.

and salty, like the crackers you eat.

Bir de tuzlu var, yediğin krakerin tadı.

Some like the taste of chocolate best.

Bazıları çikolatanın tadına doyamaz

Most like the taste of medicine less!

ve çok kimse ilaçları tatlı bulmaz!

It's fun to think about yummy sweets,

Şekerlerin nefis tadını düşünmek eğlencelidir.

but eating too many is bad for your teeth!

Ama fazla şekerleme dişler için tehlikelidir.

Foods like peppers can be so hot!

Biber gibi şeyler bazen acı olabilir!

Your taste will tell you to eat them or not.

Tat duyun söyler sana hangisi yenmez ya da yenebilir.

Some tastes go together and some really don't mix,

Bazı tatlar yan yana iyi gitmez aslında.

like that banana and cheese sandwich you are about to fix!

Peynirli sandviçle muz mesela!

These delicious fruits deserve a nibble.

Bu lezzetli meyveler yenilmeyi hak ediyor.

They're good for your body and irresistible!

Onlar vücudumuzu dayanıklı yapıyor!

Trying different foods makes your taste sense grow.

Değişik yiyecekler tatma duyunuzu geliştirir.

Your world gets bigger, the more foods that you know!

Daha çok yiyecek bildikçe dünyanız daha da büyür!